Frauke Nahrgang

Igel Hugo wohnt in unserem Garten

Frauke Nahrgang

Igel Hugo
wohnt in unserem Garten

Illustrationen von Kerstin M. Schuld

Der Verlag weist ausdrücklich darauf hin, dass im
Text enthaltene externe Links vom Verlag nur bis zum
Zeitpunkt der Buchveröffentlichung eingesehen werden
konnten. Auf spätere Veränderungen hat der Verlag
keinerlei Einfluss. Eine Haftung des Verlags ist daher
ausgeschlossen.

Dieses Buch ist auch als E-Book erhältlich.

Verlagsgruppe Random House FSC® N001967

1. Auflage 2016
© 2016 cbj Kinder- und Jugendbuchverlag
in der Verlagsgruppe Random House GmbH,
Neumarkter Str. 28, 81673 München
Alle Rechte vorbehalten
cr · Herstellung: AJ
Umschlagbild und Innenillustrationen: Kerstin M. Schuld
Satz und Reproduktion: Lorenz & Zeller, Inning a. A.
Druck und Bindung: Těšínská tiskárna, a. s., Český Těšín
ISBN: 978-3-570-22587-5
Printed in the Czech Republic

www.cbj-verlag.de

Inhalt

Der Schatz im Reisighaufen

»He, Alexander!«, ruft Sofie von nebenan.
»Kommst du rüber?«

Alexander seufzt. Gerne würde er Sofie
besuchen. Sie ist seine beste Freundin. Mit ihr
kann man toll spielen. Aber heute geht es leider
nicht.

»Papa will unbedingt den Garten aufräumen«,
mault Alexander. »Und ich soll dabei helfen.«

Sofie überlegt nicht lange. Schon klettert sie
über den Gartenzaun. »Ich mache mit«, sagt sie.
»Dann sind wir nämlich viel schneller fertig.«

Alexander freut sich. Zusammen ist die Arbeit
nicht so langweilig.

Neben dem Gartenhäuschen stapeln sich vertrocknete Äste. Die haben Alexanders Vater schon eine ganze Weile gestört. Nun will er sie schreddern. Die Kinder schleppen die Äste für ihn heran.

»Vielleicht hat jemand in diesem Haufen einen Schatz versteckt«, sagt Sofie geheimnisvoll.

Typisch! Sofie hat immer solche verrückten Ideen.

»Unsinn! Papa hat die Sträucher geschnitten und alles hier aufgeschichtet. Ein Schatz war da bestimmt nicht dabei.«

»Doch nicht dein Vater«, stellt Sofie klar. »Nein, das waren Räuber, die ihre Beute in Sicherheit bringen wollten. Die konnten ja nicht ahnen, dass wir heute hier rumwühlen.«

»Unsinn«, sagt Alexander noch einmal.

Aber wer weiß? So ein Reisighaufen ist wirklich ein gutes Versteck. Wie toll wäre das denn, wenn sie doch etwas finden würden?

Gespannt hebt Alexander den nächsten Zweig hoch. Tatsächlich! Aufgeregt winkt er Sofie herbei.

»Der Schatz!«, staunt Sofie.

Und was für einer! Es ist eine Igel-Familie. In einem Nest aus Laub und Zweigen liegt die Igelin mit fünf winzigen rosa Babys. Hungrig trinken sie an den Zitzen ihrer Mutter.

»Wo bleibt denn mein Nachschub?«, fragt Alexanders Vater ungeduldig. Doch dann sieht auch er das Igelnest.

»Deckt es schnell wieder zu«, flüstert er. »Wir dürfen die Igel nicht stören.«

»Aber die sind so niedlich«, findet Alexander. »Können wir nicht noch ein bisschen zuschauen?«

Sein Vater schüttelt den Kopf. »Wenn die Igelmutter Angst bekommt, verlässt sie ihre Kinder vielleicht. Dann sind die Kleinen verloren.«

Bloß nicht! Schnell deckt Alexander seinen Fund wieder zu.

»Dann muss der Reisighaufen also liegen bleiben?«, erkundigt sich Sofie.

»In den nächsten Wochen schon«, bestätigt Alexanders Vater.

»Super!«, freut sich Sofie. »Schluss mit
Aufräumen und wir können endlich spielen!«

Auch in den nächsten Tagen schleichen die
Kinder immer wieder mal zum Igelnest. Zu gern
wüssten sie, wie es den Igelchen geht. Doch im
Reisighaufen rührt sich nichts. So geben die
Freunde ihren Beobachtungsposten nach ein
paar Tagen wieder auf. Und bald denken sie gar
nicht mehr an die Igel.

Im Sommer werden die Igelbabys geboren. Damit sie ihre Mutter während der Geburt nicht verletzen, sind ihre Stacheln zunächst in der Rückenhaut versteckt. Erst ein paar Stunden später kommen sie zum Vorschein. Die ersten Stacheln sind weiß und noch ganz weich. Nach ein paar Tagen wachsen dunkle, härtere Stacheln.

Augen und Ohren der Igelbabys sind anfangs noch geschlossen. Erst nach zwei Wochen beginnen sie zu sehen und zu hören. Aber von ihrem ersten Lebenstag an haben die kleinen Igel Hunger und saugen Milch bei ihrer Mutter.

Und der Igelvater? Der kümmert sich überhaupt nicht um seine Kinder. Er kennt sie nicht mal.

Ein nächtlicher Besuch

Sommerferien! Wie toll! Gleich am allerersten
Abend dürfen Sofie und Alexander in Sofies
Garten zelten.

»Dass ihr mir auch ja schlaft!«, mahnt Sofies
Mutter.

»Klar, Mama«, versichert Sofie treuherzig. Dann
flüstert sie: »Geht leider nicht. Im Schlaf können
wir ja wohl kaum den Picknickkorb leer essen.«

Stimmt! Außerdem, schlafen kann man nachts
im eigenen Bett. Hier im Zelt ist die Zeit dafür
doch viel zu schade. Zufrieden kuschelt
Alexander sich in seinen Schlafsack, knabbert
von den mitgebrachten Leckereien und hört

Sofies Geschichten zu. Gerade erzählt sie vom kopflosen Hugo auf Burg Gruselstein, und Alexander gruselt sich auch wirklich ein bisschen, als er plötzlich ein Geräusch hört.

Da, schon wieder!

»Und als Hugo ins Verließ hinabschwebte ...«

»Sei mal still!«, flüstert Alexander. »Draußen ist jemand.«

Sofie kichert. »Bestimmt der kopflose Hugo. Huuuuugo!«

Doch im nächsten Moment vergeht ihr das Lachen. »Da ist ja wirklich jemand«, flüstert sie erschrocken.

Es raschelt neben dem Zelt. Der unheimliche Besucher schnüffelt und schnauft.

»Sollen wir um Hilfe rufen?«, fragt Alexander besorgt.

»Bloß nicht«, protestiert Sofie. »Dann merkt der da draußen, dass wir hier drin sind.«

O Mann, das stimmt! Wie gerne wäre Alexander jetzt nicht hier, sondern bei Mama und Papa in Sicherheit. Und wenn sie einfach losrennen? Aber vielleicht laufen sie dann irgendwelchen Gangstern direkt in die Arme. Oder einem gefährlichen Raubtier direkt ins Maul.

Die Kinder lauschen atemlos. Haben sich die Geräusche nicht ein wenig entfernt? Doch, das Rascheln und Schnüffeln wird leiser.

»Wollen wir mal nachschauen?«, flüstert Sofie. Puh, Alexander hat sich schon mal wohler gefühlt. Aber wenn sie nicht warten wollen, bis der kopflose Hugo sie in ihrem Zelt überfällt, bleibt nichts anderes übrig.

Alexander tastet nach der Taschenlampe und leuchtet in die Dunkelheit. Vorsichtig spähen die Kinder hinaus.

»Hier ist niemand, nicht mal ein kopfloser Geist!«, sagt Sofie. Entschlossen krabbelt sie aus dem Zelt. Alexander folgt ihr zögernd.

»Hugo, wo bist du?«, ruft Sofie übermütig.

Da raschelt es wieder. Alexander fährt herum. Im Lichtkegel hockt ein Igel.

»Hugo!« Sofie lacht erleichtert. »Du hast uns einen schönen Schrecken eingejagt.«

Alexander grinst. Hugo, der Name passt gut zu dem stacheligen Kerl. »Nur gut, dass sein Kopf noch dran ist«, sagt er.

Hugo ist nicht allein unterwegs. Gleich mehrere Igel wuseln durch den Garten. Mit ihren Nasen stöbern sie überall herum. Manchmal erwischt einer etwas Essbares. Dann schnappt er zu und kaut laut schmatzend.

»Das ist bestimmt die Igelfamilie aus unserem Reisighaufen«, vermutet Alexander.

Plötzlich Schritte! Doch noch ein Gangster? Nein, es ist Sofies Mutter.

»Was ist denn hier los?«, fragt sie. »Ich dachte, ihr schlaft schon längst.«

»Schau mal, wir haben Besuch«, erklärt Sofie. »Der große Igel ist die Mutter. Und der kleine dort, das ist Hugo.«

Die Igelmutter hat jetzt genug von Sofies Garten und zieht weiter. Ihre Kinder folgen ihr sofort. Eins nach dem anderen schlüpft durch den Zaun. Nur Hugo hat getrödelt und findet den richtigen Weg nicht. Da stößt er einen schrillen Pfiff aus. Sofort kommt die Igelmutter zurück, nimmt den Nachzügler in ihr Maul und schleppt ihn davon.

»Igel sind nachts wach, weil sie nach Futter suchen müssen«, sagt Sofies Mutter. »Ihr müsst das nicht. Also ab in eure Schlafsäcke!«

Sofie kichert. »Mama hat recht«, flüstert sie. »Wir müssen unser Futter nicht suchen. Wir wissen ja, wo der Picknickkorb steht.«

Igel sind nachtaktive Tiere. Sie verschlafen den Tag und sind nachts unterwegs. Dann gehen sie auf Jagd nach Käfern, Regenwürmern, Raupen und anderen Insekten. Mit ihrer feinen Nase und ihren guten Ohren spüren sie ihre Beutetiere auf.

Wenn die Igelkinder richtig sehen und hören können und sie ihre Zähne bekommen haben, nimmt die Igelmutter sie auf die nächtlichen Ausflüge mit. Das Jagen müssen die kleinen Igel erst lernen. Am Anfang haben sie dabei nur wenig Erfolg. Damit sie trotzdem nicht hungern müssen, gibt die Igelmutter ihnen noch ein paar Wochen lang Milch.

Begegnung mit einem Außerirdischen

Die Ferien sind vorüber. So wie immer treffen sich Alexander und Sofie auch an diesem Morgen am Gartentor. Gerade wollen sie sich auf den Schulweg machen, da entdeckt Alexander etwas Seltsames. Er packt Sofie am Arm und deutet zu Pfeifers Garagen. Auf dem großen Platz davor rennt eine kleine graue Gestalt mit einer viel zu langen weißen Nase immer im Kreis herum.

»Ein Außerirdischer«, vermutet Sofie.

Aber Außerirdische gibt es nur in Filmen, und schon gar nicht landen sie in Alexanders Straße. Vorsichtig nähert er sich.

Und siehe da, der flinke Flitzer ist ein Igel. Die lange Nase ist gar keine Nase sondern ein Joghurtbecher. Darin hat er wohl neugierig herumgeschnüffelt und ist mit den Stacheln hängengeblieben.

»Warum rennt er wie ein Wilder im Kreis?«, wundert sich Sofie.

»Weil er Angst hat, deshalb. Er will bloß noch weg. Aber mit dem Becher über den Augen merkt er nicht, dass er nicht von der Stelle kommt.«

»Der Ärmste«, sagt Sofie mitleidig. »Wir müssen ihm aus der Patsche helfen.«

Zum Schutz vor den Stacheln zieht sie die Ärmel ihrer Jacke über die Hände, schneidet dem Igel den Weg ab und packt entschlossen zu. Der Igel strampelt noch einmal, dann baumeln seine Pfötchen kraftlos herab und er lässt alles mit sich geschehen. Schnell zieht Alexander den Becher ab.

»Siehst du, Hugo«, sagt Sofie streng. »Das kommt davon, dass du deine Nase überall rein- steckst.«

19

»Hugo?«, fragt Alexander zweifelnd. »Woher
willst du denn wissen, dass das Hugo ist?«

Sofie grinst. »Der kopflose Hugo, schon
vergessen? Das wäre diesem Hugo auch fast
passiert.«

Vorsichtig setzt sie den Igel auf den Boden.
Ganz benommen hockt er da.

»Du bist wohl ziemlich geschafft von der Rennerei?«, fragt Alexander mitleidig und berührt den Igel mit den Fingerspitzen. Der Igel zuckt erschrocken und rollt sich – schwupp – zu einer stacheligen Kugel zusammen.

»Wir tun dir doch nichts, Hugo«, versichert Sofie.

Doch eine ganze Weile kommt der Igel nicht aus seiner Deckung hervor. Die Kinder warten gespannt. Sogar Sofie schafft es, mucksmäuschenstill zu sein. Und schließlich ist es soweit. Hugo streckt sein Näschen hervor, schnuppert und rollt sich wieder auf. Noch etwas unsicher wackelt er los und schlüpft durch den Zaun in Alexanders Garten.

»Seine Mama wird froh sein, dass er wieder da ist«, sagt Sofie. »Bestimmt hat sie sich schon große Sorgen gemacht.«

Aber da täuscht sich Sofie. Die Igelmutter macht sich überhaupt keine Sorgen mehr um ihren Nachwuchs. Ungefähr sechs Wochen nach der Geburt trennt sie sich von ihren Kindern und kümmert sich nie mehr um sie. Von nun an müssen die Kleinen alleine klar kommen.

Wenn ein Igel Gefahr spürt, rollt er sich zusammen und schützt sich mit seinen spitzen Stacheln. Ein erwachsener Igel hat ungefähr 7000 Stück. Deshalb traut sich so schnell kein Feind an diese Stachelkugel heran.

Leider rollt der Igel sich auch zusammen, wenn ein Auto kommt. Doch gegen diese Gefahr nützen ihm die Stacheln gar nicht. Deshalb werden viele Igel überfahren.

Besuch bei den Igeln

Erst als von Hugo kein Stachel mehr zu sehen ist,
fällt Alexander wieder ein, warum sie eigentlich
unterwegs sind. »O Mann, wir kommen bestimmt
zu spät!«

»Jetzt aber dalli!«, sagt Sofie und rennt los.

Alexander flitzt hinterher, sodass der Ranzen
auf seinem Rücken nur so hopst. Ganz außer
Atem erreichen sie den Schulhof. Der ist schon
wie leergefegt.

Die Kinder stürmen die Treppe hinauf. Doch
vor der Klasse verlässt Alexander der Mut. Gleich
werden alle ganz komisch gucken und das fühlt
sich doof an.

Doch Sofie reißt die Tür auf. »'tschuldigung!«, japst sie. »Aber wir können nichts dafür. Wir mussten erst noch Hugo retten.«

»Hugo?«, fragt Frau Hanske erstaunt. »Wer ist das denn?«

Da erzählt Sofie von ihrem Abenteuer mit dem Igel im Joghurtbecher.

Die Lehrerin lacht. »Das war wohl ein Nasch-Igel«, sagt sie. »Wo kam der denn her?«

Tatsächlich schauen jetzt alle Kinder, aber es fühlt sich überhaupt nicht mehr doof an. Und deshalb erzählt Alexander von der Igelfamilie in seinem Garten.

»Sehr interessante Tiere«, findet Frau Hanske. »Wir sollten mehr über sie herausfinden. Vielleicht habe ich schon eine Idee, wer uns etwas erzählen kann. Aber jetzt wollen wir erst mal weiterrechnen.«

»Schade«, flüstert Sofie. »Ich würde lieber noch über Hugo sprechen.«

Alexander grinst. Mathe ist nicht gerade Sofies Lieblingsfach, das weiß man ja.

Schon am nächsten Tag rückt Frau Hanske mit ihrer Idee heraus. Sie hat ihre Klasse zu einem Besuch in der Igelstation angemeldet. Die ist nicht weit entfernt und ein schönes Ziel für einen Wandertag. Schon ein paar Tage später geht es los.

Die Leiterin der Igelstation begrüßt die Kinder freundlich.»Ich heiße Britta«, sagt sie.»Und ich freue mich, dass ihr euch für Igel interessiert. Dann will ich euch unsere Bewohner einmal vorstellen.«

Britta zeigt auf ein Regal, in dem sich Box an Box reiht.»Hier leben unsere Patienten«, erklärt sie.»Mancher kranke oder verletzte Igel würden ohne Hilfe sterben. Aber wir können viele von ihnen wieder gesund pflegen.«

Britta nimmt ihre Gäste mit hinaus in den Garten. Vor einer Umzäunung bleibt sie stehen.»Wenn es einem Igel wieder besser geht, kann er in so ein Freigehege umziehen«, sagt sie.

In dem Gehege ist viel Platz.»Hier können die Igel endlich wieder mit ihren Freunden spielen«, ruft Sofie.

Britta lacht.»Das wollen sie gar nicht«, sagt sie. »Igel sind Einzelgänger und brauchen keinen Freund.«

Keinen Freund? Keine Freundin? Das kann Alexander sich überhaupt nicht vorstellen.»Gut, dass wir keine Igel sind«, murmelt er.

»Im Moment ist es ziemlich ruhig bei uns«, fährt Britta fort.»Doch wenn es draußen kalt wird, dann herrscht hier Hochbetrieb. Eigentlich sollten Igel dann Winterschlaf halten. Aber dafür brauchen sie eine gute Speckschicht, damit sie im Schlaf nicht verhungern. Im Herbst bekommen wir jede Menge unterernährte Igel, die wir aufpäppeln müssen.«

»Wer bezahlt das alles?«, fragt Frau Hanske.

Britta seufzt.»Das ist unser größtes Problem. Das Futter und die Medikamente sind sehr teuer. Zum Glück bekommen wir manchmal Spenden, aber die reichen oft nicht aus. Und deshalb können wir nicht allen Igeln helfen.«

Für einen Moment sieht sie richtig traurig aus, doch dann sagt sie entschlossen:»Gehen wir wieder ins Haus. Die Stars unserer Station werden gleich gefüttert.«

In einer Schachtel liegen warm zugedeckt winzig kleine Igelkinder. Ein Helfer nimmt eins heraus und hält ihm ein Fläschchen hin. Obwohl das Baby die Augen fest zu hat, findet es den Gummisauger sofort und nuckelt gierig.

»Wie süß!«, flüstert Sofie begeistert. »Weißt du was? Ich spende auch für die Igel! Mein ganzes Taschengeld!«

Wie großzügig! Alexander hat sein Taschengeld leider schon ausgegeben.

Erst als die Fütterung der Igelbabys vorbei ist, verabschieden sich die Kinder und machen sich mit ihrer Lehrerin auf den Heimweg. Während der Rast kaut Sofie sich an einem Kiosk ein Eis.

»Wolltest du dein Taschengeld nicht für die Igel spenden?«, fragt Alexander.

»Oje!« Erschrocken betrachtet Sofie ihre Eiswaffel. Doch dann leckt sie entschlossen los und nuschelt: »Wenn das Igelfutter so teuer ist, hätten meine zwei Euro sowieso nichts genützt.«

Zum Glück gibt es viele Igelstationen. Die Adressen erfährt man im Internet oder durch einen Anruf bei einem Naturschutzverband. Die meisten Helfer auf einer Igelstation arbeiten ehrenamtlich, das heißt, sie bekommen keinen Lohn dafür.

Auf einer Igelstation gibt es viel zu tun, besonders, wenn kleine Igel abgegeben werden, die ihre Mutter verloren haben. Diese Säuglinge sind völlig hilflos. Sie müssen mehrmals am Tag und auch in der Nacht gefüttert werden. Dabei bekommen sie eine besondere Milch, die der Milch der Igelmutter ähnelt. Normale Milch dürfen Igel, egal ob groß oder klein, niemals trinken. Davon könnten sie sehr krank werden.

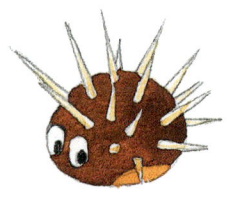

Ein gutes Geschäft für die Igelfreunde

»Ich muss die ganze Zeit an die Igelchen denken«, sagt Sofie am nächsten Morgen. »Wenn die nun verhungern müssen, nur weil Britta nicht genug Futter kaufen kann.«

Alexander grinst. »Zum Beispiel, weil manche Leute lieber Eis kaufen als etwas zu spenden«, stichelt er.

Sofie überhört die Bemerkung. »Wir brauchen richtig viel Geld«, sagt sie.

»Ach ja? Und wo willst du das hernehmen?«

»Darüber denke ich gerade nach«, erklärt Sofie. Auf dem Rest des Schulwegs ist sie sehr still.

Doch im Unterricht hat sie ihre Sprache wiedergefunden. Gerade hat Frau Hanske die erste Kopfrechenaufgabe gestellt, da meldet Sofie sich schon und schnippst sogar mit dem Finger. Sonst ist es ihr bei Mathe nie so dringend. Erfreut ruft Frau Hanske sie auf.

»Wir haben doch bald Schulfest«, platzt Sofie heraus. »Und da müssen wir ...«

Frau Hanske unterbricht sie: »Wir reden jetzt nicht über das Schulfest, sondern über das 1x6«, sagt sie.

»Aber es ist wirklich wichtig, bitte!« Und dann ist Sofies Redefluss nicht mehr zu stoppen. Noch einmal erzählt sie davon, dass ihr die kleinen Igel nicht mehr aus dem Kopf gehen.

»Ich konnte deswegen die ganze Nacht nicht schlafen«, behauptet sie.

Auch wenn Alexander wetten möchte, dass das reichlich übertrieben ist, so hört Frau Hanske nun immerhin zu.

»Wir müssen Britta helfen«, fordert Sofie. »Wenn wir beim Schulfest einen Stand machen und lauter

Igelsachen verkaufen, verdienen wir ganz viel Geld. Und das kriegt dann die Igelstation.«

Was für eine coole Idee! Das finden auch die anderen Kinder. Sofort gehen jede Menge Finger hoch. Und sogar Frau Hanske vergisst ihr 1x6 und sammelt stattdessen Ideen für den Igelstand.

In den nächsten Tagen entstehen niedliche Igel aus Kastanien und Zahnstochern. Auf den Fensterbänken sprießen grüne Stacheln von Kresse-Igeln. Igelbilder werden gemalt, Igel-Lesezeichen gebastelt und Igel-T-Shirts gedruckt.

Der Igelstand beim Schulfest wird ein Riesenerfolg. Neben den Kunstwerken der Kinder gibt

es auch noch Leckereien zu kaufen, die die Mütter gebacken haben.

Sofie wirft einen Euro in die Kasse, nimmt sich einen Schoko-Igel und beißt herzhaft hinein. »So kann ich den Igeln und auch mir selbst etwas Gutes tun«, nuschelt sie mit vollem Mund.

Am Montagmorgen verkündet Frau Hanske den Kassenstand: »Wir haben 71 Euro eingenommen«, sagt sie. »Ich möchte aber 80 Euro überweisen.«

»Da musst du noch neun Euro dazu tun!«, ruft Sofie in die Klasse.

»Stimmt!« Die Lehrerin nickt anerkennend.

»Manchmal ist Mathe ganz einfach«, sagt Sofie zufrieden.

Schon wenige Tage später kommt ein Brief.

An die Igel-Freunde der 2a

Darin bedankt Britta sich ganz herzlich für die Spende.

»Ich bin richtig stolz auf euch«, lobt Frau Hanske.

Alexander nickt Sofie zu. »Das kann sie auch wirklich sein«, flüstert er.

So züchtest du einen Kresse-Igel
Schlag das Ei nicht an der Spitze, sondern an der Seite auf. Iss den Inhalt heraus, fülle die leere Schale mit feuchter Watte und streue Kressesamen darauf. Wenn du die Watte immer gut feucht hältst, bekommt der Igel nach wenigen Tagen leckere grüne Stacheln.

Rezept für 15 Schoko-Igel
• Für den Teig brauchst du:
   70 g Zucker
   120 g Margarine
   1 Ei
   250 g Mehl
   ½ Teelöffel Backpulver
   2 Esslöffel Kakao

- Für die Verzierung brauchst du:
  Kuvertüre
  Mandelsplitter für die Stacheln
  Smarties oder Zuckerperlen für das Gesicht

So wird es gemacht
Den Backofen vorheizen, alle Teig-Zutaten verkneten, 15 Kugeln formen, sie an einer Seite für die Nase zuspitzen, die Igelchen 15 Minuten backen und dann auskühlen lassen.

Die Kuvertüre im Wasserbad schmelzen lassen, den Schokoüberzug mit einem Backpinsel auf die Igel streichen, Augen und Nase ankleben und die Stacheln in den Rücken stechen, wenn die Kuvertüre noch weich ist.

Ein Zuhause für Hugo

Inzwischen ist es ziemlich kalt geworden. Dick eingemummelt spielen Alexander und Sofie im Garten. Plötzlich entdecken sie im welken Laub einen Igel.

»Hugo! Was machst du denn hier mitten am Tag?«, fragt Sofie. »Du bist ein nachtaktives Tier! Schon vergessen? Und solltest du nicht langsam mal an Winterschlaf denken?«

Ob dieser Igel wirklich Hugo ist? Egal, auf jeden Fall hat er ein Problem.

»Schau doch mal, wie dünn er ist«, sagt Alexander. »Viel zu dünn für den Winterschlaf.«

Sofie betrachtet den Igel nachdenklich. »Du

hast recht«, stellt sie fest. »So könnte der Winter für ihn lebensgefährlich werden. Aber Hugo hat wirklich Glück. Wir sind immer da, wenn es brenzlig wird.«

Zum Glück hat Alexanders Vater Zeit für einen kleinen Ausflug. So können die Kinder den Igel in eine Schachtel setzen und mit ihm zur Igelstation fahren.

Dort erkennt Britta die Kinder sofort wieder. »Die Igelfreunde aus der 2a!«, sagt sie erfreut.

»Und das ist Hugo«, stellt Sofie vor.

»Hugo?«, fragt Britta. »Mal sehen. Auf den ersten Blick kann man die Männchen nicht von den Weibchen unterscheiden. Vorsichtig nimmt sie den Igel hoch. Der lässt die Pfötchen hängen und ist sogar zu schwach, um sich einzurollen.

Britta dreht den Igel auf den Rücken und nickt. »Euer Igel ist tatsächlich ein Hugo. Hier auf dem Bauch sieht man seinen Penis.«

Sie setzt Hugo auf eine Waage und sagt mitleidig: »Oje, er ist ja wirklich ganz verhungert. Er wiegt nur 345 Gramm. 300 Gramm muss er

mindestens noch zunehmen, damit er Winterschlaf halten kann.«

»Was passiert jetzt mit dem kleinen Kerl?«, will
Alexanders Vater wissen.

»Er müsste regelmäßig gefüttert werden und
ein warmes Zuhause braucht er auch. Das
Problem ist nur ...« Britta zögert. Dann gibt sie
sich einen Ruck und fährt fort: »Unsere Station
ist hoffnungslos überfüllt.«

»Ich kümmere mich Hugo!«, ruft Sofie.

Hallo? Da hat Alexander ja wohl auch noch ein
Wörtchen mitzureden. »Oder wir!«, stellt er klar.
»Stimmt's Papa? Wir können ihn auch nehmen.«

Sofie schüttelt den Kopf. »Ich habe es zuerst gesagt. Und außerdem haben wir Hugo ja in unserem Garten gefunden.«

»Aber das Igelnest mit der ganzen Familie war bei uns«, protestiert Alexander.

Sofie zuckt die Schultern. »Na und?«, meint sie schnippisch. »Zuletzt war er jedenfalls bei uns.«

Alexander will etwas erwidern, doch sein Vater mischt sich ein: »Ist es denn schwierig, so einen Igel zu versorgen?«, fragt er.

»Nicht so sehr«, versichert Britta. »Wir geben alle notwendigen Infos und eine Futterration für den Anfang mit. Wichtig ist nur, dass Sie seine Wohnung in ein stilles Zimmer stellen, damit der Igel am Tag schlafen kann.«

»Wir haben so ein stilles Zimmer«, behauptet Sofie. »Mamas Bügelzimmer. Bügeln macht ihr sowieso keinen Spaß.«

Damit ist es entschieden. Triumphierend trägt Sofie die Schachtel mit Hugo zum Auto zurück.

Auf der Heimfahrt redet Alexander kein Wort. Nicht mit Sofie, weil die alles bestimmen will und so gemein ist. Und mit Papa redet er erst recht nicht mehr. Weil der ihm kein bisschen geholfen hat. Deshalb hat Sofie jetzt den niedlichen Igel, und Alexander hat nichts!

Zu Hause will er sich in sein Zimmer verziehen, da klingelt es. Vor der Tür steht Sofie, die Igelschachtel im Arm. Sieht aus, als hätte sie geheult.

»Es geht nicht«, sagt sie.

»Was geht nicht?«, fragt Alexander.

»Ausgerechnet jetzt will Papa das Bügelzimmer renovieren. Das macht Lärm und Dreck. Deshalb kann Hugo nicht dort einziehen.«

»Dann bleibt er eben bei uns«, schlägt Alexanders Vater vor.

Sofie nickt. Zögerlich hält sie Alexander die Schachtel hin. Sie schnieft und wischt sich mit dem Ärmel über die Nase.

»Ist doch egal, wo Hugo wohnt«, sagt Alexander schnell. »Wir kümmern uns beide um ihn, du und ich, ist doch klar.«

Sofie schnieft noch einmal. Dann nickt sie und sagt: »Das wollte ich sowieso vorschlagen.«

Igel stehen unter Naturschutz. Also darf man sie nicht einfach mit nach Hause nehmen. Anders sieht es aus, wenn ein Igel in Not ist, also krank, verletzt oder unterernährt.

In der kalten Jahreszeit findet ein Igel nicht mehr genug Futter. Wenn er jetzt nicht mindestens 500 Gramm wiegt, wird er den Winter nicht überleben. Doch auf der Igelstation oder daheim bei einem Igelfreund kann er gerettet werden. Er braucht jetzt vor allem das richtige Futter. Fleisch, Eier, auch Dosenfutter für Katzen oder Hunde bekommen ihm gut. Speisereste aus der Küche soll er nicht fressen. Zu trinken bekommt er Wasser, auf gar keinen Fall Milch, weil er davon krank werden kann.

Hugo büxt aus

»Nun muss Hugo aber unbedingt etwas zu essen bekommen«, meint Alexanders Vater. »Oder soll unser Gast etwa verhungern?«

Bloß nicht! Schnell füllen die Kinder das mitgebrachte Katzenfutter in ein Schälchen und stellen es dem Igel hin. Zuerst zuckt er erschrocken zusammen. Doch dann reckt er sein Näschen und schnuppert begierig. Schließlich kann er dem verlockenden Duft nicht widerstehen und macht sich über seine Mahlzeit her.

»Hör mal, wie der schmatzt«, kichert Sofie.

Überhaupt nimmt es Hugo mit den Manieren beim Essen nicht so genau. Als ginge es ihm mit dem Sattwerden gar nicht schnell genug, trampelt er mit den Vorderfüßchen in seinem Essen herum. Doch schließlich hat er genug. Er gähnt herzhaft und lässt dabei seine spitzen Zähne blitzen.

»Wo soll unser Untermieter denn wohnen?«, fragt Alexanders Mutter.

»In meinem Zimmer«, schlägt Alexander vor.

»Er braucht ein stilles Zimmer, schon vergessen?«, erinnert sein Vater an Brittas Worte. »Bei einem Rabauken wie dir kann er bestimmt keine Ruhe finden.«

»Ich habe eine bessere Idee«, sagt die Mutter. Sie räumt ihren Computer ins Wohnzimmer, und so kann Hugo in ihr Büro einziehen.

Eine Bananenkiste aus dem Supermarkt wird Hugos neue Wohnung. Sie bekommt einen warmen Boden aus Zeitungspapier. Zum Glück hat Alexanders Vater sich gerade erst Schuhe gekauft. Der Schuhkarton ist genau das richtige Schlafzimmer für den kleinen Igel. Mit zerknüllter Zeitung bereiten die Kinder ihm ein weiches Bett.

»Wollen wir ihn gleich hineinlegen?«, fragt
Sofie.

Doch Alexanders Vater schüttelt den Kopf.
»Vielleicht möchte Hugo sein neues Haus erst
noch erkunden. Er weiß sicher selbst am besten,
wann er ins Bett gehen muss.«

»Wenn ich doch ein Igel wäre«, seufzt
Alexander. »Dann dürfte ich so lange aufbleiben,
wie ich will.«

Am liebsten würden die Kinder Hugo noch eine
Weile zuschauen, doch der Vater meint: »Wir
lassen ihn besser in Ruhe, damit er sich erholen
kann.«

Er will das Licht im Büro ausmachen, aber
Alexander protestiert: »Vielleicht fürchtet er sich
im Dunklen.«

»Der ist das doch gewöhnt«, sagt sein Vater. »Er ist immer nachts unterwegs.«

Ja, schon, aber wenn es so stockdunkel ist, da muss man doch Angst kriegen, oder? Schnell macht Alexander die kleine Lampe auf dem Schreibtisch an. Dann denkt Hugo vielleicht, das ist der Mond.

Der Igel ist ein angenehmer Mitbewohner, der nur wenig Arbeit macht. Morgens wird seine Wohnung mit sauberem Zeitungspapier ausgelegt. Abends bekommt er Futter und ein Schälchen mit Wasser. Schon nach ein paar Tagen schlingt er die Mahlzeit nicht mehr gierig hinunter. Er frisst zum Abendbrot nur einen Teil und holt sich den Rest im Laufe der Nacht.

Doch einmal ist der Futternapf auch am Morgen noch halb voll. Nanu, hat Hugo keinen Appetit gehabt? Im Auslauf der Bananenkiste ist er nicht zu sehen. Vorsichtig hebt Alexander den Deckel des Schuhkartons ab. Nur Zeitungspapier. Von Hugo nicht mal ein Stachel.

»Hugo ist weg«, ruft Alexander erschrocken.

»Das gibt's doch nicht«, wundert sich sein Vater.
»Um aus dieser Kiste auszubüxen, hätte er
Klimmzüge machen müssen.« Suchend schaut er
sich um. Schließlich lacht er. »Hugo ist wirklich
spazieren gegangen«, sagt er »Dort liegt der
Beweis.«

Auf seinem Ausflug musste Hugo wohl mal und hat ein schwarzes Würstchen unter Mamas Schreibtisch gedrückt. Aber wo steckt der Ausreißer?

Alexander und sein Vater suchen das ganze Zimmer ab. Nichts! Komisch, der kann sich doch nicht in Luft aufgelöst haben. Plötzlich ist ein Kratzen zu hören. Hugo? Ja, er sitzt im Bücherregal.

»Unser Hugo ist wirklich sportlich«, staunt Alexander. »Klimmzüge und nun auch noch eine Klettertour.«

»Das heißt aber, dass der Kleine wieder ziemlich bei Kräften ist«, meint der Vater. »Ich glaube, bald kann er mit seinem Winterschlaf beginnen. Aber bis es so weit ist, braucht er eine höhere Kiste, damit er nicht noch mal ausbrechen kann.«

Es ist nicht schwer, eine Igelwohnung zu bauen. Der Igel kann in einen großen Karton einziehen. Der Boden wird dick mit Zeitungspapier ausgelegt. Das Papier muss man täglich wechseln, denn der Igel hinterlässt dort sein Geschäft, kleine schwarze Würstchen, die zeigen, dass ihm sein Futter gut bekommt. Als Schlafzimmer eignet sich ein großer Schuhkarton mit einem Eingangsloch an der Seite. Der Karton wird mit zerknülltem Zeitungspapier weich gepolstert und mit dem Deckel verschlossen. Der Igel versteckt sich nämlich gern.

Ein Igel soll nicht frei in der Wohnung herumlaufen. Er krabbelt sonst überall herum. Wenn er irgendwo nicht weiterkommt und zurückkriechen will, spreizen sich seine Stacheln und er bleibt hängen.

Schlaf gut, Hugo!

Fast einen Monat ist Hugo nun schon zu Gast. Am Samstagabend wollen die Kinder ihm sein Abendbrot hinstellen, doch Alexanders Mutter meint:»Ich will den kleinen Vielfraß erst einmal wiegen, ehe er sich wieder den Bauch voll-schlägt.«

Da hilft kein Zappeln! Hugo wird auf die Waage verfrachtet.

Stolz verkündet die Mutter:»760 Gramm!«

»Prima«, sagt der Vater.»Nun hat er genug Speck und kann Winterschlaf halten, wie es sich für einen anständigen Igel gehört! Gleich morgen früh darf er in sein Winterquartier umziehen.«

Erschrocken schauen Alexander und Sofie sich an. »Aber draußen liegt Schnee!«, protestiert Alexander.

»Und es ist viel zu kalt!«, meint Sofie.

Alexanders Vater schüttelt den Kopf. »Für einen Igel ist es so genau richtig. Bei diesen Temperaturen schläft er am besten.«

Und wennschon! Wenn Hugo Winterschlaf hält, kann man ihn nicht mehr füttern. Anschauen geht auch nicht mehr. Das ist so, als wäre er ganz verschwunden.

»Warum muss er überhaupt Winterschlaf machen?«, mault Sofie.

»Genau!«, stimmt Alexander zu. »Er kann doch bei uns bleiben, bis es wieder warm wird. Und dann lassen wir ihn frei.«

»Dann würde euch der Abschied noch schwerer fallen«, vermutet Alexanders Mutter.

Und sein Vater meint: »Zu einem richtigen Igelleben gehört der Winterschlaf einfach dazu. Wie gut, dass Hugo nun wie ein richtiger Igel leben kann.«

»Hm.« Sofie nickt. Nachdenklich sagt sie:»Das hast er uns zu verdanken, stimmt's?«

Ja, das stimmt. Ohne seine Menschenfreunde wäre Hugo verloren gewesen. Aber er lebt. Er ist rund und wohlgenährt. Und darauf ist Alexander auch ein bisschen stolz.

Am nächsten Tag bezieht Hugo sein Winterquartier. Nach seinem Ausreißversuch hat Alexanders Vater eine stabile Holzkiste gebaut. Dick gepolstert mit zerknülltem Zeitungspapier hält sie auch bei eisigen Temperaturen warm genug. Unter der Außentreppe steht Hugos Haus geschützt vor Wind und Regen. Rund herum hat Alexanders Vater einen Zaun aus Kaninchendraht gezogen.»Damit Hugo nicht plötzlich Lust auf eine Schneewanderung bekommt. Wenn er dann nicht mehr heimfindet, müsste er jämmerlich erfrieren«, erklärt er.

Sofie setzt den Igel vor das Schlupfloch zu seinem neuen Heim. Gespannt beobachten alle, was passiert. Erstmal gar nichts. Hugo schnüffelt ein bisschen, aber er rührt sich nicht.

»Es gefällt ihm nicht«, sagt Alexander.

Doch er täuscht sich. Schon wenig später kriecht Hugo in sein Haus und verstopft den Eingang von innen.

»Das heißt wohl, er will seine Ruhe haben«, meint Alexanders Vater.

»Wir dürfen gar nicht mehr nach ihm schauen?«, fragt Sofie enttäuscht.

»Wenn alles gut läuft, sehen wir Hugo im April wieder«, sagt die Mutter. »Und bis dahin stellen wir ihm nur ein bisschen Wasser und eine Notration Futter hin, falls er doch noch einmal Hunger kriegt.«

Abends kann Alexander lange nicht einschlafen. Wie es dem Igel wohl geht? Ob er sich fürchtet, da draußen so ganz allein?

Nein, einem richtigen Igel macht das nichts aus!

Alexander seufzt. Hoffentlich weiß Hugo das auch. Hoffentlich weißt er, dass er ein richtiger Igel ist.

Der Winterschlaf ist eine schlaue Einrichtung der Natur. Im Winter gibt es kaum Insekten, die der Igel fressen könnte. Um nicht zu verhungern, verschläft er die kalte Zeit und wird erst im Frühling wieder wach. Im Herbst beginnt der Igel damit, sich ein Nest zu bauen. Dafür sucht er sich einen gut versteckten Platz, zum Beispiel unter Büschen, unter einem Holzstapel oder in einem hohlen Baum. Er schichtet einen großen Laubhaufen auf und gräbt sich hinein. Dann dreht er sich so lange im Kreis, bis die Blätter fest aneinander gedrückt sind. So schützt ihn sein Nest vor Nässe und allzu großer Kälte.

Für solche Vorbereitungen ist Hugo zu spät dran. Deshalb ist es gut, dass Menschen ihm einen warmen Schlafplatz gebaut haben.

Während des langen Schlafes sinkt die Körpertemperatur des Igels. Sein Herz schlägt seltener und er atmet auch nicht so oft wie ein wacher Igel.

Mit diesen Sparmaßnahmen verbraucht er nur wenig Energie. So kann er von der Speckschicht leben, die er sich angefuttert hat.

Tschüs, Hugo!

In den nächsten Tagen schauen die Kinder immer wieder mal beim Winterhaus vorbei. Doch Hugo macht Ernst mit dem Winterschlaf. Er lässt sich nicht mehr blicken, und auch seine Notration rührt er nicht an. Weil es langweilig ist, immer vor verschlossener Tür zu stehen, geben Sofie und Alexander die Besuche bei ihrem stacheligen Freund bald wieder auf.

Der Winter hält sich hartnäckig in diesem Jahr und macht nur zögernd für den Frühling Platz. Aber schließlich ist es doch so weit. Büsche und Bäume bekommen Blätter. Blumen wagen sich hervor und die Sonne scheint.

Das richtige Wetter für eine Fahrradtour am Sonntag. Sofie ist schon startklar und klingelt ungeduldig. Alexander will sein Fahrrad aufpumpen, doch dann macht er eine aufregende Entdeckung. Hastig winkt er Sofie herbei. Widerwillig trottet sie heran. »Kannst du nicht alleine aufpumpen?«, fragt sie genervt.

Aber im nächsten Augenblick hat sie das Fahrrad vergessen. Im Igel-Gehege ist etwas passiert. Zerknüllte Zeitungen liegen überall auf dem Boden herum. Das kann nur eins bedeuten.

»Hugo, die Schlafmütze, ist wieder wach!«, stellt Sofie fest.

Alexander lacht. »Und er hat sein Bett kräftig ausgeschüttelt«, sagt er.

»Jetzt wird er Hunger haben«, vermutet Sofie. Zum Glück sind noch ein paar Dosen Katzenfutter übrig. Schnell füllen die Kinder einen Futternapf und ein Trinkgefäß und stellen beides ins Gehege. Lange müssen sie nicht warten.

Schnuppernd kommt Hugo aus seinem Haus und macht sich über sein Essen her.

Auch Alexanders Eltern sind gekommen, um den Igel zu begrüßen.

»Ist der dünn geworden«, stellt Alexanders Mutter fest.

»Das wird sich bald ändern«, versichert der Vater. »Nicht nur der Igel ist wach geworden. Auch die Insekten und Würmer sind wieder da. Deshalb kann Hugo nun für sich selber sorgen.«

»Wir sollen ihn freilassen?«, fragt Alexander erschrocken.

»Natürlich! Hausarrest ist nicht gut. Für Kinder nicht und auch nicht für Igel.«

Das stimmt. So eine Strafe hat Hugo nicht verdient. Deshalb tragen die Kinder ihn in den Garten und setzen ihn ins Gras. Zunächst schaut er sich ganz verdattert um. Doch dann flitzt er los, so schnell wie man es ihm mit seinen kurzen Beinchen gar nicht zugetraut hätte.

»Der hat sich nicht mal mehr nach uns umgedreht«, sagt Sofie enttäuscht.

Alexanders Vater tröstet sie: »Er hat seine Freiheit so lange vermisst. Und plötzlich riecht alles um ihn herum nach den tollsten Abenteuern. Klar, dass er für einen langen Abschied keine Zeit hat.«

Ja, schon. Aber es ist trotzdem irgendwie traurig, dass Hugo weg ist.

Der Vater wuschelt Alexander durch die Haare und versichert:»Wenn wir einen neuen Reisighaufen aufschichten, zieht vielleicht wieder eine Igel-Familie bei uns ein. Und auch Hugo wird sich bestimmt immer wieder mal hier blicken lassen.«

»Hoffentlich!« Alexander seufzt und schaut auf das Zaunloch, durch das der Igel verschwunden ist.

Sofie knufft ihn.»Ganz bestimmt kommt er wieder«, sagt sie.»Und bis es so weit ist, fahren wir jetzt erst mal eine Runde mit dem Rad.«

Es ist gut möglich, dass die Kinder Hugo wiedersehen. Igel haben ein sehr gutes Ortsgedächtnis. Zwar wird Hugo bis zu seinem nächsten Winterschlaf in einem großen Gebiet herumwandern. Aber wenn ein Garten ein guter Lebensraum für ihn ist, wird er immer wieder einen Abstecher dorthin machen. Es gefällt Igeln, wenn es Büsche und andere Verstecke gibt, wenn immer ein bisschen Laub für den Nestbau zu finden ist und wenn kein Insektengift versprüht wird. Dann haben Igel wie Hugo beste Chancen auf ein gutes Leben.

Die Autorin

Frauke Nahrgang hat als Grundschullehrerin gearbeitet, ist Autorin und ein leidenschaftlicher Fußballfan. Ideale Voraussetzungen also, um eine Fußballserie für Kinder im Grundschulalter zu schreiben. Als ihre eigenen Kinder klein waren, hat sie ihnen immer gern vorgelesen und schließlich eigene Geschichten für sie erfunden. Inzwischen sind ihre Kinder groß und sie selbst ist eine erfolgreiche Autorin zahlreicher Kinderbücher.

Die Illustratorin

Kerstin M. Schuld hat schon als Kind am liebsten gemalt und gezeichnet. Nach dem Abitur studierte sie zunächst Jura, machte sich aber nach abgeschlossenem Studium als freischaffende Künstlerin selbständig. Inzwischen konnte sie ihren eigentlichen Traum verwirklichen: Seit 2002 illustriert und schreibt sie mit großer Begeisterung Kinderbücher für verschiedene Verlage.

Frauke Nahrgang

Teufelskicker – wie alles begann: Endlich gibt es die Erfolgsreihe auch für kleine Fußballfans ab 6. Hier erfahren sie, welche Abenteuer die angehenden Profis erlebt haben, als sie noch in die Klasse 2a der Teufelsgrundschule gingen.

Teufelskicker Junior – Die beste Mannschaft der Welt
Band 1, 56 Seiten, ISBN 978-3-570-15656-8

Teufelskicker Junior – Ohne Torwart geht es nicht
Band 2, 56 Seiten, ISBN 978-3-570-15695-7

Teufelskicker Junior – Ein Foul mit Folgen
Band 3, 56 Seiten, ISBN 978-3-570-15752-7

Teufelskicker Junior – Fußballfreunde müsst ihr sein
Band 4, 56 Seiten, ISBN 978-3-570-15753-4

Teufelskicker Junior – Ein starkes Team
Band 5, 56 Seiten, ISBN 978-3-570-15925-5

Teufelskicker Junior – Der große Fußball-Zoff
Band 6, ca. 56 Seiten, ISBN 978-3-570-17092-2

www.cbj-verlag.de

Das große Mauswissen

ca. 160 Seiten, ISBN 978-3-570-17362-6

Wie funktioniert eigentlich das Internet und warum ist der Himmel blau?
Weil Eltern nicht alles wissen können, hat die Maus jede Menge maus-
schlaue Antworten gesammelt und löst so häufig gestellte Fragen.
Kindgerecht und reich bebildert wird auf die großen Rätsel des Alltags,
der Natur und der Technik eingegangen.
Klingt nach einem spannenden und lehrreichen Buch? Ist es auch.

www.cbj-verlag.de